Fremiti D'Amore

Fremiti D'Amore

Fremiti D'amore
Dall'amore Divino a quello Profano

Melina Palumbo

2022

MediaBook
by Hoffmann & Hoffmann Inc

Ponte Vedra - Florida - USA

Fremiti D'Amore

Fremiti D'Amore

"Amor, che a nullo amato amar perdona"
Dante Alighieri

Fremiti D'Amore

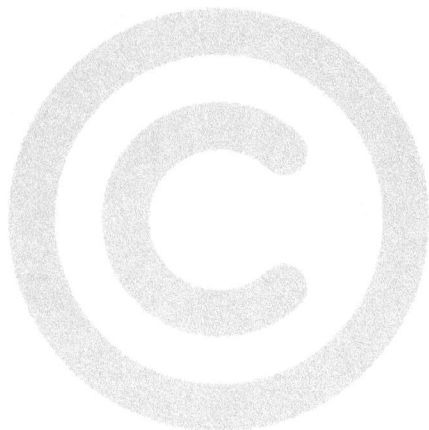

Published worldwide by Hoffmann & Hoffmann Inc
32082 Florida USA -
Copyrights Melina Palumbo
Copyright Hoffmann & Hoffmann
Cover design Fabrizio Catalfamo
Distribution worldwide Ingram
Italian distribution Libroco.it
ebook ISBN : 978-1-947488-72-4
Print : ISBN : 978-1-947488-73-1
hoffmann-hoffmann.org

Table Of Contents

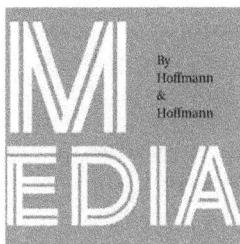

PREFAZIONE

Sono poesie intime, emozionanti, quasi un diario muto e personale che la Palumbo dedica con entusiasmo a chi desidera ascoltare la poesia e arricchirsi entrando in questo meraviglioso mondo dei sentimenti più profondi e nascosti. Nella lettura dei versi della Palumbo si riscontra un linguaggio personale, potente in cui si denota un'urgenza di comunicare, attraverso una "ingenua freschezza", l' inesprimibile amore anche in età matura. Spesso la poesia d'amore è legata al romantico sentimento ma negli scritti della Palumbo si passa dall'Amore per l'essere divino all'amore fatto di emozioni fino a poesie di passione amorosa che qui si esprimono con una forte intensità, a volte però, incarnate in una certa malinconia dolorosa per l'assenza dell'amato. Si tratta di poesia ricca di sentimenti veri e schietti che salgono dal più profondo dell'animo umano, una caratteristica questa che rispecchia la fisionomia della Palumbo atta a ricercare la bellezza ed emotivamente coinvolgere e sollecitare il lettore nel sentimento puro dell'amore soprattutto per gli altri, perché se i sogni muoiono la vita è come un'aquila che non può librarsi in alto.

Prefazione a cura di R.A.

Fremiti D'Amore

Il Sacro

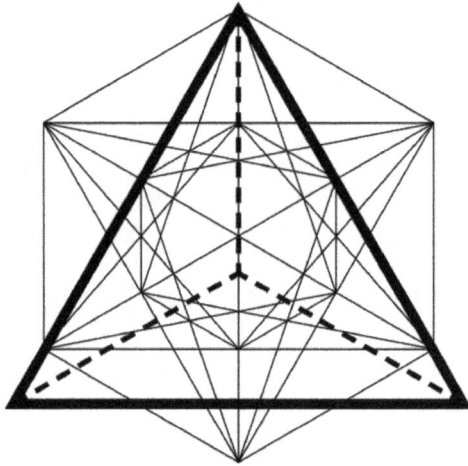

DONO DI FRATERNITA'

Senza memoria inizia un
giorno perfetto. C'è bellezza nella
carezza che sale al cuore e nasce il
desiderio di gustare un dono di
fraternità. E poi il pensiero penetra
nell'animo fasciato di catene che solo
un'epidemia di tenerezze può
sciogliere. Alle danze
c'abbandoniamo, cadono le maschere
e s'instaura un'armonia di emozioni,
un delirio d'amore che mi offre tanti
fratelli e con la musica innalziamo la
lode a Te, Signore.

ATTIMO

Amo l'attimo che mi
ammanta d'amore; la parola
dilata i cieli e penetro il
mistero. Amore è l'essenza
che invade gli spazi e i tempi
senza chiedere permesso.
Bramare l'Amore agognato
che non ti delude, non ti
tradisce non ti denuda è il
traguardo eccelso da
raggiungere.

Il Sacro

SUSSURRO

Afferro questi attimi li stringo nei
pugni, raccolgo le lacrime e le chiudo
in uno scrigno. Il tuo sguardo mi
fende l'anima, il tuo dolce sorriso tra
la folla si perde. Ti cerco, ti rincorro
poi ti smarrisco. Uno strato di
tenerezza copre il cuore di carne.
Non posso lasciarti andare. Cos'è
questo palpito? Ansia? O è il tuo
sguardo che mi accarezza? Un
sussurro e... mi parli attraverso una
dolce brezza che oggi inonda il mio
spazio, mi lascio trasportare
sull'onda azzurra del mare, mi tuffo
nell'immensità. Ogni frontiera è
abbattuta, ogni sogno diventa realtà e
ogni parola è una tua promessa di
vita oltre ogni limite ed
immaginazione.

Il Sacro

AMORE IMMENSO E PURO

Trabocca il mio cuore, straripa l'anima mia, scoppia il petto e... mi
soffoca quest'amore immenso e puro. Non so che fare per te,
fratello. Lento è il mio passo, poco posso darti ma il mio amore te lo
dono. Guardo te e vedo oltre il cielo e la scintilla di luce ch' è in te
m'abbaglia. Non posso restare indifferente, non posso girare la testa,
non posso non amarti, fratello.

Il Sacro

NAVE DEI SOGNI

Salpa la nave dei sogni lasciando dietro il mio. Seguo la sua scia.
Rammarico, rimpianto e... delusa sulla terra nuda mi corico, occhi
inumiditi rivolti al cuore che gelosamente custodisce il tesoro, quel
tesoro che ha sacrificato il mio sogno. Ma esplode la gioia per
l'amore che impera e cancella delusione e rimpianto.

Il Sacro

SENZA DIGNITA'

Sulle onde imbestialite di un mare
nemico ho trovato mio fratello
affannato, affamato, denudato e
derubato. Ho recuperato mio
fratello calpestato, defraudato,
deriso e spogliato di dignità,
rassegnato con occhi intrisi di
paura e tristezza. Una parola
d'amore ti voglio donare, un cuore
colmo di gioia offro a te caro mio
fratello, ovunque tu sia, ovunque tu
andrai.

Il Sacro

SEGUIAMO LA STELLA

Alzare gli occhi al cielo, scoprire la fragilità umana e squarciare i cieli con una nuova luce che ci riveste di umiltà e ci profuma di gioia e... restiamo fedeli all'Amore che ci dà forza e non ci abbandona alle nostre povertà. Rifuggiamo la mondanità, liberiamoci dagli idoli e dalle mille schiavitù che ci affogano e ci intossicano, affrontiamo con coraggio fatiche, mancanze, errori, fantasmi che ci assillano nella notte delle tenebre. Cerchiamo la stella lucente, seguiamola e nel cammino cresciamo per ritrovare la vera libertà.

Il Sacro

SOFFIO DI RINASCITA

Soffio di vita alla fonte, acqua limpida e pura conduce passi incerti.
Istanti di eternità per abbandonare convinzioni statiche. Cuore
impervio e marmoreo calato nel buio impressionante, trincerato
dietro ogni sorriso che a tratti s 'illumina di minuscoli riflessi lunari:
è una dinamica d'amore. Viaggiare nel labirinto della mente
nell'istante inquieto e ritornare all'acqua che all'Amore ci riconduce
senza più alcun buio ma luce accecante alla fine del tunnel.

Il Sacro

PERDONO

Fratello mio ovunque tu sia non ti fermare alle apparenze, alle parole. Cerca l'altro attraverso un pensiero, un abbraccio. Trova il fratello attraverso un filo, una connessione. Perdona tuo fratello Perdonalo sempre. Non importa se ti ha guardato male, se ti ha parlato alzando la voce, se ti ha offeso, insultato, se ti ha deriso. Tu perdonalo, perdonalo sempre. Siamo davvero "fratelli tutti".

Uomo

Uomo creatura stupenda, trasparenze lunari dell'Amore supremo
che muove ogni cosa. Un riflesso sublime su rami piegati dove
appassisce un fiore, e il vento trivella l'aria. Fuoco vivo di umane
passioni e l'uomo, barricato dietro muri marmorei, annulla i dolori
e accoglie l'Amore.

Il Sacro

L'AMORE CHE MI INSEGUE

Accogliamo l'abbraccio, un regalo da donare a te, fratello. Adagiamo piano le emozioni sui sentieri di speranza e portiamole allo spirito affranto, fragile e debole riflesso dell'Eterno. Non smarriamo questa dolce melodia dell'amore che porta la lieta novella e allarga il cuore alla bontà. E' una musica d'amore che risana l'anima ferita, plasma il cuore spezzato e ridona dignità all'uomo annientato e umiliato. E' l'Amore incontenibile che mi seduce, mi rincorre nelle strade smarrite, mi accetta con le mie angosce, i miei difetti, le mie mancanze e i miei rifiuti. Mi riempie di attenzione quest'Amore e così... mi confonde e mi stordisce, mi abbaglia e mi acceca, ma mi dona grazia e mi ricolma di gioia.

Accogliamo l'abbraccio, un regalo da donare a te, fratello. Adagiamo piano le emozioni sui sentieri di speranza e portiamole allo spirito affranto, fragile e debole riflesso dell'Eterno. Non smarriamo questa dolce melodia dell'amore che porta la lieta novella e allarga il cuore alla bontà. E' una musica d'amore che risana l'anima ferita, plasma il cuore spezzato e ridona dignità all'uomo annientato e umiliato. E' l'Amore incontenibile che mi seduce, mi rincorre nelle strade smarrite, mi accetta con le mie angosce, i miei difetti, le mie mancanze e i miei rifiuti. Mi riempie di attenzione quest'Amore e così... mi confonde e mi stordisce, mi abbaglia e mi acceca, ma mi dona grazia e mi ricolma di gioia.

Il Sacro

FRATELLO, UN CANTO D'AMORE PER TE

Lo sguardo abbraccia l'orizzonte e oltre. Allungo le braccia a te fratello ma non sei qui vicino a me. Il mio piccolo fragile cuore si apre alla compassione, l'anima si spalanca ad una comunione di intenti dove ogni barriera è crollata, ogni muro abbattuto, ogni rancore perdonato. Alzati fratello! Non essere pigro, sii attivo ed operoso; accogli con giocondità ogni momento di questa nostra unica vita. Alzati fratello! Non annegare nell'ozio e nell'indifferenza ma sii portatore di frutti. Alzati con gioia e zelo, non ti abbandonare alla malinconia e alla disperazione. Sii eroico durante la tua esistenza con fede incrollabile, con cuore rinvigorito, con Amore immenso, guardando il Crocifisso.

Il Sacro

CANTO ALL'AMORE INFINITO Nelle mie cadute Tu mi
sorreggi, sussurri nei miei silenzi, mi infondi coraggio nella mia
tristezza, mi accarezzi quando sprofondo nella mia solitudine, m'
inondi d'amore quando nessuno me lo dimostra. Io... cado e Tu
sempre lì, pieno di comprensione; mi allontano e Tu mi cerchi come
un innamorato. Ti sento nella dolce brezza della sera, nei profumi
della natura; Ti ammiro nelle bellezze del creato, nelle luci di una
notte stellata. Ti ritrovo, Ti accolgo, Ti dono tutto di me
nell'immenso bisogno d'Amore Infinito.

ABBRACCIO D'AMORE

Abbraccio la brezza che mi trasporta, la Tua Parola che s'incarna nelle mie giornate ancora troppo tiepide e spoglie di Te. Glorifico e lodo Te, Parola di vita quando umilmente mi riconosco indegna del Tuo Amore e mi annodo ad un esile rosario per scalare la montagna che mi porterà a Te. E poi ogni dì rimango basita per tanti Tuoi piccoli grandi miracoli.

UMANITA'

Quest'oggi l'Amore mi fa volare; da ogni mia fibra esplode e brilla l'Amore. Crolla ogni barriera fisica e metafisica. E vedo il mondo chiuso in un pugno, un mondo piccolo, umile, povero, a portata di mano. Vedo tutto Amore nell'umanità, umanità senza razze, religioni o colore della pelle. L'Amore si diffonde nello spazio mio ristretto ma virtualmente dappertutto. Il cuore trova la pace nell' universalità d'Amore. E idealmente vi abbraccio tutti.

il Sacro

DAMMI FORZA, SIGNORE

Accecami Signore se guardo un uomo con odio, passione, indifferenza. Ammutoliscimi se parlo di oscenità, offese, brutture, pettegolezzi. Pulisci la mia mente dai pensieri del potere, del possesso, del sesso, pensieri poco edificanti, impertinenti e perturbabili. Remo controvento nella mia tiepidezza, luci sfavillanti accecano lo spirito e perdo il timone della mia vita, non riconosco più la Tua presenza, Signore. Dammi tanta forza, Signore per accettare e sopportare le prove che mi dai. Restami vicino e accogliami tra le Tue braccia quando cado. Accendi in me l'amore e la gioia. Amen.

Il Sacro

Il Profano

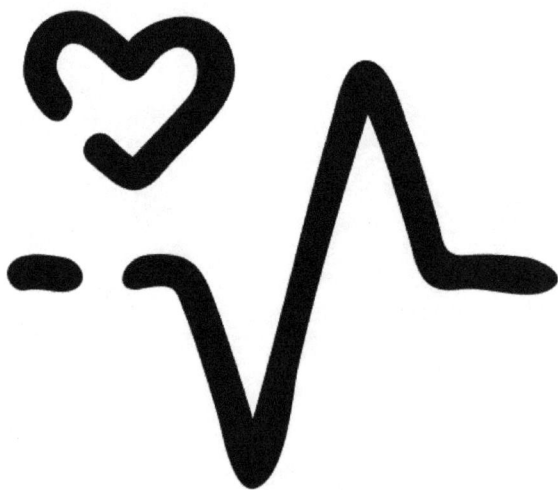

Il Profano

NUOVA ALBA

Ancora nera la notte di un giorno malformato, ancora la luna maliziosa che fomenta i desideri e... Sensazioni contrastanti fluiscono tra bagliori e ombre velate che catturano le luci mattutine. Radiosa è l'alba che accoglie il tuo primo sorriso sospeso tra vapori sparsi di un'era nuova. E tu donna, fresca goccia di rugiada sui petali vellutati di una pansé fiorita, innalzi un canto ubriacando il cielo con bisbigli d'amore sopra questa terra di cui pure sono parte.

Il Profano

EMOZIONI

E' tempo, è ormai tempo di un dolce sentire, nuove emozioni viaggiano verso orizzonti infiniti. Mio povero cuore, sei pronto ad accogliere il suo amore? La mente razionale si lascia travolgere da una dolce magia. In questa notte stellata io poso il mio capo su un cuscino di rose e il profumo mi inebria. Rimaniamo immobili in un'estasi senza fine e... io mi perdo nel tuo amore.

Il Profano

SOGNO

Un sogno ho, nella memoria della pelle e nei tessuti del cuore. Mi ubriaco di colori questa sera e poi vago solitaria nella nebbia di un'altra notte autunnale. Ancora l'alba è lontana, ancora un immenso pozzo nero, ancora solinga la luna morente. La luna, che mi parla di te, e resta immemore del nostro amore.

Il Profano

L'ALFABETO PER CANTARE L'AMORE

Rincorro le ventuno lettere per darti i miei pensieri ma la voce è muta e parla solo il cuore. Un lembo di cielo accoglie le mie parole soffiate al vento e poi disperse nell'aria senza mai raggiungerti. Parole rare e belle costruite con ventuno delicate lettere per coronare il mio pensiero inespresso, parole che si infrangono sugli scogli dell'anima arsa ed io senza ombre incarnate raduno i versi che affiorano tra frammenti del tempo andato per cantarti il mio amore.

LA DIVINA

Lenzuolo stampato di baci, i tuoi, fremiti di foglie su tappeti di velluto, e spighe danzanti nei dorati campi, una rosa donata alla divina per lusingare il suo ego nel tempo austero. E imbronciata se ne sta, delusa ed amareggiata ma arrivi tu... nella tempesta del vivere e la divina sorride. Ti apre l'anima e il duro viaggio diventa leggerezza.

FALSITA'

Sparisce il fascino e l'ardore; la mente ragiona e accantona l'amore nelle tante memorie. Spezzo l'idolo, un ideale smarrito in questa realtà; sei uomo del mio tempo, debolezze e fragilità t'accompagnano, ti allontanano dagli affetti. La tua delicatezza stupisce, la tua semplicità rapisce, il tuo fare complimenti sottovoce con una parvenza di paura sorprende ma... poi anche nella sincerità c'è una sottile manipolazione della ingenuità di chi ascolta. E tu, come tutti, indossi solo una maschera. Simbolo di forza o di vigliaccheria?

Il Profano

LA FINE

Scorre ancora nelle vene il brivido di velocità, sensazione di libertà. Tagliare l'aria nella folle corsa e ballare al ritmo di una musica forsennata zigzagando sulla strada deserta per una vita spericolata, incurante di ogni pericolo o della conclusione dei giorni nella pazza corsa, senza più fitte al cuore spaccato, animo deluso e ... mente devastata. Infinitamente liberatoria la fine di una inutile esistenza, una vita senza AMORE.

Il Profano

SEGRETI

I miei pensieri dispersi dal vento corrono da te e tu, in trepida attesa
sei lì per afferrarne almeno uno ed entrare nella mia mente, catturare
i miei segreti e corrodermi, fino all' osso.

Il profano

MI MANCHI

Mi manchi nei pensieri, mi perdo nel tuo sguardo smarrito, turbato.
Un incanto. Forti e lievi battiti di ali per volare in un sogno dove si
lancia il cuore. Cavalchi i miei desideri, colmi il vuoto delicatamente,
scagli tenere onde sul mio animo irrequieto e una canzone
passionale ci rapisce e nell'amore ci unisce. Staccarmi dalla dolce
emozione non riesco e tu... tra ombre velate appari e poi sparisci nel
silenzio più cupo. Cosa sono io? Spettro morente o luce rifulgente?

Il profano

COLOMBA IMPRIGIONTA

Corre l'amore su un filo tagliente in questo letto vuoto e abbandonato. Mi sorride il sonno e poi mi lascia desolata, immersa in un buio che non vuole passare. Un soffio di zeffiro mi porta la tua voce che si espande nella camera e mi riporta ancora a ricordi lontani. Voce calda la tua che seduce la mente lasciandomi spossata nel letto solitario ove le ali di una colomba sono imprigionate.

Il Profano

EVANESCENTE ESSERE

Sbattono le onde lieve, a tratti tumultuose contro il corpo immobile sulla battigia. M'abbandono alle carezze dell'acqua salata, un po' arrabbiata, intrisa di sabbia che solletica la pelle ambrata. Un blu marino, scuro e minaccioso, laggiù, attaccato al cielo nebuloso incatena lo sguardo che si disperde in esso. Solitario un gabbiano sorvola nuda di voci e con solo profumi di mare, di salsedine e... di te, evanescente essere della mia coscienza impregnata di emozioni d'amore.

Il Profano

PENSIERO... DI TE Quel tuo sguardo sognante così profondo mi ha rapito il cuore, ogni altro pensiero scompare e lascia dentro me il tuo sole. Il pensiero di te mi dà calore al risveglio in ogni momento, al mattino, al tramonto e a sera...se il sonno tarda ad arrivare. Tutto di me, dalla mente al cuore, l'anima col suo candore, ogni cosa è immersa nel pensiero di te.

Il Profano

ATTRAVERSARE...

Attraversare le tue paure oltre il cancello serrato che ti ruba la
libertà, attraversare il tuo sguardo per arrivare alla tua coscienza e
capire le tue ragioni, attraversare il tuo bacio per scoprire l'intimo
desiderio di amore negato. Afferrare grappoli di sogni sparpagliati
su un letto deserto e restare ancorati ad un nostalgico passato
mentre le lacrime evaporano sotto il cielo crudele di una terra che
nasconde i tremori dell'anima.

Il Profano

ILLUSIONE

Sensazioni illusorie nell'inerme viale del vivere e vago nel labirinto dei
ricordi. Occhi languidi con ciglia incipriate di un respiro emotivo,
farfalle colorate ammantano il viso diafano e foglie morte sul
tappeto fiorito avanzano lungo il corpo infangato. In punta di danza
le stelle ballerine stanno lassù, seminano piacere agli amanti ignari
dei patimenti di amori abusati o non conosciuti o derisi o illusi. E tu,
dolce illusione muta stai nell'alcova della follia ove spezzi le ali per
non volare più.

LA DAMA

Sospirare e vagare, chissà per quali sentieri, innalzare l'amor mio al di là delle inquietudini. Oh prode Cavaliere, amor che brilla in ogni dove al tuo castello bussa la bella dama mascherata.

Il Profano

TORMENTO D'AMORE

Il mio tormento non si spegne; faccio finta di niente, nascondo questo peso con un dolce sorriso e fingo che sia leggero. Fulminea vertigine mi assale nello spaziare senza alcuna meta nell'anima in pena. Fuoco ardente traspare negli occhi piangenti quando affiora un'ossessione che sfiora i margini della follia. E amarti è un po' morire, morire a me stessa.

IL FOGLIO

Uno scritto sul foglio non è essenziale ma il foglio è prezioso; la mano leggera, delicata ha tracciato segni indelebili... ed è unica. Accarezzo il foglio, sento il tuo profumo, immagino la tua mano che scrive e mi sembra di toccarla quando non possiamo sfiorarci. Accarezzo le parole, avverto il calore delle tue dita veloci sul foglio e mi lascio travolgere e sconvolgere e l'animo turbato si perde tra le tristi stelle, tra sussulti e sospiri di un sogno muto dove tutto è lontano senza te.

DISTANZE OCEANICHE Tenacemente insisti, non mi lasci andare, confondi le carte e... una parvenza di morte aleggia dentro giorni impregnati di solitudine che non colmano gli oceani di distanza tra noi. Una luce filtra tra le imposte socchiuse e mormora la tua canzone. Rammento l'albero spoglio del tuo giardino, rammento il giorno in cui vibrò l'amore e di nuovo vorrei naufragare in quel mare di dolci sensazioni nutrite di silenzi nel ricordo di infiniti attimi ove una seducente fragranza rapisce i sensi e gocce di profumo si disperdono nei fiocchi di neve di un giorno innevato.

Il Profano

BRIVIDI DI LUCE

Nei tuoi occhi il sole, sulle labbra l'arcobaleno, un fremito del vento il tuo canto. Io mi ubriaco di... te. Brividi di luce e cade il velo della memoria. Navigo tra i tuoi versi e ti ritrovo nella luna morente, nell'alba fulgente e... nei profumi dell'emozione. Mi immergo nell'io profondo, trascinata dalle tue parole e galleggio su mille sensazioni che colmano l'assenza di te.

LA VOCE

Una voce è frenesia, delirio d'amore. La voce nei silenzi argentati, in un bacio rubato, nel sorriso di donna, negli sguardi intriganti e... perdersi sulle onde marine o nei suoni di cornamuse, nei pensieri annegati o nel vaneggiamento d'amore.

Il profano

PENSIERO LIQUIDO

Il pensiero s'innalza e chiama la libertà. Nuotare nell'acqua di un sogno liquefatto, inconsistente e il corpo fluttuante disegna farfalle volanti che incantano; battiti accelerati di variopinte ali nuotano nel pensiero liquido e un sussulto d'amore s' inerpica sui rami del corpo penetrando ogni fibra e cellula, lasciando scorrere veloce il sangue infettato d'amore.

SOGNO D'AMORE

Volare in questo cielo nebuloso, scoprire dove si nasconde il sole e morire dolcemente tra lenzuola di lino ove cullavo un sogno d'amore infrantosi su dolorose spine di rose appassite. Ti ho sognato tutta la notte, insistentemente invadevi i miei sogni. Desta rimane solo il ricordo delle tue mani... Afferro un raggio di sole e...te lo dono per cullare ancora il mio sogno d'amore.

Il profano

PALPITI DI VITA

Il pensiero di te si aggroviglia nei ricordi antichi, un fiore appassito e vago nei palpiti della vita che vuole volare. Odore di vento, un profumo nel cielo e un tenero estasiato ardore negli sguardi senza veli. La tua voce sensuale incalza e m'inebria e la tua immagine si rispecchia nell'anima. Aspiro al tuo amore inesprimibile, inammissibile, assurdo ed utopico. Lame affilate infieriscono sul cuore sanguinante per l'amore impossibile.

NOTTE SELVAGGIA

Nella memoria di una notte selvaggia l'attimo è ebbrezza di follie e nell'oblio tu illumini il momento dove l'attesa coglie un desiderio passionale, un nuovo selvaggio struggimento nel ricordare le tue turgide labbra madide e pronte per ardenti baci. E senza rumore arriva un fuoco di passione che tace assaporando brividi di piacere che esplodono in un infinito memoriale ricordo.

Il Profano

SENSUALITA' SCONOSCIUTA

Innocenti silenzi fasciano le speranze degli amanti ignari. Lui accarezza la fronte di lei mentre dorme e al risveglio una sensualità sconosciuta li avvolge in turbamenti peccaminosi, un'ebbrezza di languide sensazioni e profumi d'amore nel letto disfatto in ogni ora del giorno e della notte.

Il Profano

FUSIONE DI ANIME E CORPI

Abbracciati avvolti da tenebre lucenti di fiaccole spente, mi
avvinghio a te in un desiderio nascente di sospirati affanni di
bramosie d'amore. E spargi carezze nelle pieghe segrete di un corpo
palpitante di dolci fremiti, aneliti d'amore. Senza riserve mi fondo
con te donando tutta me stessa e appropriandomi del tuo io e
soffoco i gridi di piacere nella fusione dei nostri corpi.

Il Profano

NOSTALGIA

Lievi battiti di ali di una farfalla sofferente nella quiete che lambisce i contorni di questi momenti, fremiti di nudi corpi adagiati su duri giacigli di impossibili amori. La nostalgia accarezza le pieghe più segrete della tua nudità, tremori di passione accendono di rossore il tuo pallido viso nel risveglio di una nuova stagione d'amore.

Il Profano

DESIDERIO

Trepido il fiato, voce sensuale e audaci parole accendono la fiamma del desiderio. Un intreccio di corpi, cuori che hanno un solo battito, respiro che si fonde con il piacere dei sensi, anime che si cercano per un abbraccio infinito e il pulsare dei cuori che mormora la nostra canzone d'amore.

Il Profano

LETTO DI ROSE

Sdraiati nudi su un letto di rose, i nostri sensi gemano cantando un inno all'amore. Perdersi in attimi sublimi mentre la musica ci avvolge in vortici passionali e ci inebria di sensazioni celestiali nella fusione di corpi, un delirio d'amore che ci rapisce e... siamo onde irruenti nella tempesta dei sensi.

DELIRIO D'AMORE

Viaggiano solitarie le emozioni d'amore, dalla mente al cuore. Pensieri stupendi che ricordano i tuoi teneri abbracci dall'anima ai sensi ed esplodono in un'apoteosi d'amore. Il corpo freme, s'inzuppa di cocente passione e il sogno è realtà. Attimi di infuocato delirio e dal mondo fuggiamo per ritrovarci soli su un'isola deserta.

Il Profano

SUBLIME SENSAZIONE

E' Notte. Nel letto ho stretto la tua mano, nel sogno ti sei calato
senza esserci: sensazione sublime che permane ancora da sveglia,
dolcezza immane che scivola sul corpo accaldato quando un
abbraccio d'amore mi incanta.

Il Profano

BACIO

Ti sussurro la mia angoscia m'avvicino alla tua bocca per rapire il tuo respiro, lieve fiamma sul volto nascosto da un velo nero profumato di rose appassite. Labbra tremolanti, sensazione violenta e divina, il tuo profumo uno stordimento e... la bocca mia anela alla tua, divorante ardore e tenui riflessi di un tramonto incendiato, lingue di fiamme tra alberi nerastri, polvere d'oro che si perde nell'aria ove tu col pensiero svolazzi ma non ti posi su di me.

Il Profano

FREDDO SENZA TE

Un vento gelido si abbatte sul mio corpo. Manca il calore del tuo abbraccio, manca la tua voce calda: è assente oggi, non può riscaldarmi. Mi rimane il ricordo delle tue mani e il tuo respiro in un bacio solo sognato, in una carezza solo agognata.

Il Profano

SPICCHIO DI SOLE

Nel silenzio inaridito rifuggono le emozioni. Cantare una canzone ignota per arrivare al tuo deserto, un'assenza di identità, calpestare la sterilità di questo suolo per rincorrere palpitanti pensieri di te e perdermi nella dissolvenza del tuo profumo. Notte svuotata di ogni pudore, il piacere scorre tra carezze sensuali e baci appassionati. E' gioia evanescente attaccata ad uno spicchio di sole.

Il Profano

AMORE TRA MUSICA E POESIA

Poesia e musica, pensosa rimango, vacillante nel meriggio assolato
che abbraccia il tramonto rosso zafferano. Musica! Oh Musica
travolgimi con passione così mi perdo nei meandri delle tue note che
disegno sul suo corpo, mani su di lui per suonare le note lentamente,
dolcemente e conquisto il suo cuore. Oh tenera, passionale musica
mi turbi con la tua meraviglia di suoni e una turbolenza di sensi
m'avvolge lasciandomi indifesa. Senza più la mia corazza mi hai
conquistata, follemente.

Il Profano

PER TE

Delicate mani leggero il tocco sulla pelle carezze da brividi e fremiti
d'amore, i tuoi occhi che mi spogliano con un solo sguardo.
Sognami. Pensami. Sussurrami che ti manco e dimmi se in un altro
tempo, un altro momento le nostre vite si fossero incrociate mi
avresti scelta. Provo ad allontanarti, a non pensarti, ci provo a
rompere la catena che mi tiene legata a te ma... sono fragile e
indifesa.

Il Profano

OBLIO

Nell'ora dell'oblio il risveglio cattura il firmamento e là si tuffa il cuore. Dapprima, un attimo di esitazione e poi... ho aperto la porta dell'anima e ho abbracciato l'amore. S'ode il mormorio delle stelle che agitano il mare, un vortice di onde e cerco di non affogare nel profumo della tua pelle che vorrei accarezzare millimetro per millimetro. E... il nostro amore è realtà.

Il Profano

SOGNAMI

Sognami nella notte oscura. Sognami nella notte stellata. E se non
puoi sognarmi pensami intensamente pensami e il tuo pensiero
colorerà la mia vita. Mille sfumature di rosso avvilupperanno il mio
cuore che di passione si accenderà. Cercami, chiamami.
Accarezzami con lo sguardo e sfiorami con parole d'amore.

MANI, OCCHI E...PASSIONE

Delicate irresistibili mani, leggero tocco sulla pelle e in ogni poro un elisir d'amore, carezze da brividi e... impossibile è resistere al tuo sguardo, ai tuoi occhi brillanti che non avevo ammirato. Sole, luna e stelle lucenti, tutto in quei straordinari occhi turchini d' oltremare, di distese oceaniche che stravolgono mente e cuore. Parole inutili perse nell'immobilità di una vita ignorata e... adesso un impeto di fervido ardore accende la passione nel cuore vacante e sterile, cuore che rimane incatenato a te senza speranza di poter spezzare le catene di una vita già vissuta.

Il Profano

NOTTE

La notte è solcata da intensi profumi d'amore ove forti emozioni
tolgono il respiro mentre tu ti culli tra le pieghe dei miei pensieri.
Basta un palpito di fiore, una stella brillante e un'alba rilucente per
accendere il cuore, cavallo alato che ha sciolto le briglie e... non mi
sazio mai del tuo sorriso.

Il Profano

IL PONTE DELL'AMORE

Vorrei cullarmi tra le braccia del
mio amore sotto quel ponte ove
saltellando s'incarna una marea
d'acqua cristallina, una cascata
scrosciante che rompe ogni
incantesimo perché ogni sogno è
aleatorio e si perde in vapori
evanescenti di questo inverno
infamante che non riesce a chiudere
le piaghe aperte di cuori sanguinanti
e i gesti usuali sembrano vacui ed
inutili. Manca qualcuno a cui
appassionarsi per i mesi, i giorni e le
ore da avvenire, qualcuno che
spumeggiante irrompe nella mia vita
e le ridona l'ardore di una giovinezza
mai vissuta.

VORREI DONARTI QUALCOSA

Mi rubi la gioia e il sonno, ti adagi sul letto di rose dei miei pensieri e non mi dai tregua. Ho aspettato questo momento da troppo tempo; prima era solo un sogno, ora è realtà, realtà immersa in un cielo senza fine o in un attimo rubato. Il mio ascoltarti è una brezza leggera; ho timore di svegliarmi e di non aver mai più pace. Vorrei donarti pace e felicità in un travolgente vento di passione, vorrei catturare la tua mente e fonderla con la mia mente, vorrei rubarti l'anima per amalgamarla con la mia anima ed essere una cosa sola. Vorrei pace per placare la mia inquietudine, che sei tu.

Il Profano

DOLCEZZA INFINITA

Ho sentito una folata di
dolcezza sfiorarmi, mi parli e
m'inebrio delle tue parole, non
mi sazio mai della tua risata a
cui ancora anelo. Mi manchi,
ti cerco e... tu sparisci
lasciandomi nella tormenta. Sei
la mia aurora, il mio tramonto,
fiore profumato d'amore. Sei
un raggio di sole accecante,
spada che trafigge l'anima,
chitarra vibrante e canzone
sensuale che mai canterò.

Cuore Impazzito

Ritorno al chiasso dei miei pensieri è il battito del cuore impazzito
che saltella ansimante. Il tuo capo sul mio seno, capelli arruffati,
guanti di velluto che spargono carezze su un corpo di fremiti
d'amore. Occhi spenti nei rumori di parole soffiate dentro e fuori di
noi, smarriti. Tra le pieghe del cuore impazzito l'assenza di te è
soffocante e nasce il dubbio che trasuda nell'aria pesante e devasta le
anime ove crudele è il silenzio nudo.

Il Profano

MAGICO GIORNO Magico è
il giorno con sorrisi e arcobaleni
che s'intrecciano e il tremulo
cuore che sussulta al tuo arrivo.
Ti ho cercato . ti ho aspettato
come l'aurora attende il giorno e il
crepuscolo che attende la notte.
Stelo vibrante di linfa, fiore
oscillante al fruscio delle fronde,
sospiro d'amore che accarezza il
tuo abbraccio che s'intreccia col
mio. Un sublime canto s'innalza
nel cielo infuocato di passione: è il
tramonto che incontra la notte e
ritrova baci e sospiri nell'estasi
infinita.

Il Profano

COLPISCI...SENZA RUMORE

Senza rumore, regali un delirio
d'amore. Scocca la freccia,
colpisce il cuore e... le tue tenere
mani elargiscono dolci carezze,
brividi sul corpo abbandonato
tra fresche lenzuola di lino nella
notte di luna piena. Il tuo sguardo
mi spoglia di pensieri, mi copre di
emozioni di fremiti d'amore.
Galleggio su un mare di ebbrezza,
i tuoi baci mi destano e dissetano
il corpo cocente. Tra petali di fiori
mi adagio per accogliere l'ardore
del tuo amore.

TU...CORIANDOLO
SOSPESO

Fremiti di foglie tra setose
lenzuola che avvolgono
dolcemente il tuo corpo e il
cuore, un coriandolo sospeso.
Dèstati amore, la calura
incombe, amami in un candore
di sogno e il mio cuore sarà
rapito dall'incantesimo di
inebrianti momenti.

BACIO CHE SUGELLA L'AMORE

La mente vagante s'arrampica su specchi deformati che annebbiano la vista, e offuscano il cervello dolorante. La mente si circonda di freschi sguardi, di pensieri leggeri e corre incontra all'arcobaleno delle emozioni. Dammi la mano, aiutami a risalire il sentiero, corriamo insieme su fili invisibili, senza paure; arriviamo su un letto di foglie e fiori e intrecciamo i nostri respiri in un intenso bacio che sugella il nostro amore.

Il Profano

LA TUA MAGIA

È uno sguardo indifeso perso dietro pensieri d'amore, quello dei tuoi occhi come petali vellutati nei miei; hai mani calde che mi accarezzano piano, hai voce suadente e sensuale che mi regala emozioni; sognavo di te e delle tenere labbra sempre pronte a baciare. Oh come voglio che sfiorino le mie; ti guardo, ti penso, ti reinvento: tutto questo è magia, che illumina i miei giorni e riscalda le mie notti.

Il Profano

RIMPIANTO

Oh questo ardire mi è proibito, ma ora oso con l'ardore dei miei
anni maturi; la passione si accende e vibra in ogni piega del mio
corpo. Ma non c'è più tempo non c'é più coraggio. Anche le lacrime
sono sparite in questo autunno triste di rose appassite. Se io fossi già
in ritardo? Solo rimane il ricordo. Solo il rimpianto di te.

Il Profano

TEMPO SENZA TEMPO

Accarezzami con lo sguardo e sfiorami con parole d'amore.Mi
perdo nei tuoi morbidi caldi abbracci e audaci carezze, tenero
semplice amore che mi invade e io... mi smarrisco. Senza più timori,
senza più remore un'estasi è la tua divinità che mi tocca e rimaniamo
rapiti. Appassionatamente cavalchiamo nuvole emotive e in un
ardente abbraccio ci perdiamo in un tempo senza tempo.

Il Profano

VENERE

Onde sbattute contro corpi abbandonati su spiagge incontaminate.
Mare argenteo, lo sguardo induce sulla tua nudità. Risorgi Venere,
dea enigmatica e raccontaci delle stelle, svesti la luna, insegnaci l'arte
di amare. Richiami il mio amore chè non si attardi per la via. Folate
di sensualità fluiscono impalpabili tra bagliori e ombre che
catturano le luci mattutine.

Il Profano

DOLCE MALE

Si è infiltrato un dolce male tra le mie scheggiature, un fuoco di
passione che infiamma l'animo, un vento convulso che soffia sui
sensi, un turbamento che mi travolge in un inebriante attimo di
pazzia e sprofondo nel girone dei lussuriosi.

Il Profano

RIVERBERI DI PASSIONE

Ti immergi in una verde distesa
fresca di rugiada e ascolti i
bisbigli di un fiore nudo, nudo
come nell'Eden. Ti accoglie il
fruscio delle fronde tra fremiti
d'amore e sospiri che
accarezzano i corpi. Sfolgorante
è l'attimo in cui sei apparso con
sguardo sfavillante che ha
catturato il mio essere. Ti cerco
nei miei sogni ove riverberi
brucianti accendono il fuoco
della passione e inneggiamo ad
un canto di desiderio che
sublima l'amore.

Il Profano

CUORE RUBATO

Tu sei desiderio indecente nelle
mie fantasie che accarezzi con il
tuo sorriso, un desiderio
intessuto d'amore con voglia di
carezze dal cuore all'anima. Tu
sei l'acqua bollente che scorre tra
le mie mani e sulla pelle e io godo
del suo calore. Ti cerco come
l'aria quando manca e... non
respiro. Cerco la luce dei tuoi
occhi per accendere il mio essere,
sfioro le tue labbra con un lieve
bacio per arrivare al tuo amore e
graffio il tuo cuore per ritrovare
il mio che hai rubato e senza il
quale non vivo.

Il Profano

ILLUSIONE Sensazioni illusorie nell'inerme viale del vivere e vago nel labirinto dei ricordi. Occhi languidi con ciglia incipriate di un respiro emotivo, farfalle colorate ammantano il viso diafano e foglie morte sul tappeto fiorito avanzano lungo il corpo infangato. In punta di danza le stelle ballerine stanno lassù, seminano piacere agli amanti ignari dei patimenti di amori abusati o non conosciuti o derisi o illusi. E tu, dolce illusione muta stai nell'alcova della follia ove spezzi le ali per non volare più.

Il Profano

RICUCIRE I SOGNI Pietre di
egoismo sul cuore rotto,
coriandoli sospesi, grani
cristallizzati che permangono e
non scivolano via. Si rincorrono
gocce di luce nei ricordi
struggenti, ripescando nei
meandri della mente quel tuo
sguardo sognante che mi ha
rapito. E ancora un naufragare
tra spiragli d'azzurro ove colgo il
canto dei fiori, il fruscio del vento
e ricucio i miei sogni.

Il Profano

BATTITI IMPAZZITI Ritorno
al chiasso senza rumori: è il battito
del cuore impazzito, che saltella sul
dosso del petto ansimante. Il tuo
capo abbandonato sul mio seno, i
capelli arruffati e le tue morbide
mani che spargono carezze. Un
paradosso il vivere di adesso,
amore e dolore, un binomio di
forze, una rosa e una spina tra le
pieghe del pensiero ove l'assenza di
te è sempre più soffocante.

Il Profano

ANCHE PER TE Anche per te
volerò nei cieli, stenderò le ali e
m'innalzerò nell'azzurro, vibrando.
Toni e colori, essenze e anime
penetrerò, cancellerò pensieri,
immagini, ferite e ritroverò la mia
identità. Anche per te canterò la città
con le sue torri d'avorio, i suoi verdi
parchi deserti e le sue strade affollate.
Palpiterà il mio corpo quando arriva
l'emozione all'ennesima potenza e i
cieli si colorano d'azzurro e... si
riempiono di lacrime. E anche per te,
amore mio volerò e mi fermerò sul
tuo arido cuore, farfalla morente.

Il Profano

SINFONIE D'AMORE Poche
righe d'amore e il cuore sobbalza,
vola oltre l'arida terra e supera
ogni ragione: è una forza nucleare.
L'anima non segue la sua follia,
resta ferma nell'amara realtà, sulla
pallida terra brulla, tra scoscesi
dirupi, valli invalicabili: è una
reazione atomica. Abbraccio l'aria
di questa stanza nuda, mi
immagino ch

Il Profano

DANZA DELLE EMOZIONI

All'imbrunire grigie navicelle
deformate oscillano fino ai confini
del mondo dove il tramonto
innaffia il cielo di tremolii e di
brividi di luce e di baci profumati.
Salire oltre i confini ove foglie
multicolori prendono il volo e...
spalanco le ali nella danza delle
emozioni e da crisalide mi
trasformo, farfalla che d'azzurro
si riveste e vola da te.

Il Profano

VORREI... Vorrei incontrare il tuo sguardo nei fulgidi bagliori di un'aurora che rischiara già tra stille di rugiada, solo coriandoli di luce. Vorrei tornare all'origine del giorno argenteo che rimanda riflessi scintillanti per rivestirmi di luce. Vorrei illuminare la tua vita di assai splendore per risvegliare la mente dormiente e rincorrere una scia di spumeggianti bolle che saltano nell'aria per raggiungere i riverberi stellari, solo effluvi di luce, luminescenza che inonda l'essenza di ognuno.

Il Profano

UN PIENO D'AMORE Scorre
tutta la vita sui binari della memoria,
scorre lo sguardo su irriverenti
momenti. Respiri profondi, un
pieno di ossigeno ai confini del
vivere, nel silenzio. Ovunque sarò ti
parlerò, oltre il muro del freddo del
cuore per ritrovare calore, un pieno
d'amore per donare a te che sei là
nell'oltre della mia mente. Sei tu che
cercherò nella tempesta degli astri
per conquistare il mare della
Tranquillità.

Il Profano

BATTITI D'AMORE... Il
pensiero s'innalza e chiama la
libertà. Nuoto nell'acqua di un
sogno liquefatto, inconsistente e il
corpo fluttuante disegna farfalle
volanti che m'incantano. Battiti
accelerati di variopinte ali, un
sussulto d'amore che s' inerpica sui
rami del corpo penetrando ogni
fibra e cellula lasciando scorrere
veloce il sangue infettato d'amore.

Il Profano

INASPETTATAMENTE
Inaspettatamente il cuore fa le
capriole quando il pensiero di te è
presente. In ogni tua parola ti
cercherò; ti aspetterò sulle onde
tumultuose dell'anima dove sei
arrivato per tirarmi a riva mentre
affogavo. Ti conoscerò quando il
tuo sorriso mi tocca e il tuo
sguardo mi acceca. Rubo un po' di
sole per illuminarti e in questo
silenzio puoi carpire l'inesprimibile
mentre nella danza del cuore la
musica sfuma lasciando un alone di
inquietudine.

Il Profano

OVUNQUE SEI.... Ovunque
sfumature di suoni, rumori nel
silenzio Ovunque intrecci di
abbracci e incroci di sguardi
attraverso tempi e spazi. Sì, nello
spazio scie luminose, galassie
stellari ove vagano i dubbi e
piccole stelle morenti scoppiano
e si disintegrano in mille
frammenti.

Il Profano

ATTRAVERSARE...

Attraversare il tuo essere, fiume in
piena nell'inverno infinito,
attraversare il mio egoismo e
insicurezze quando pensieri
infuocati rapiscono i sogni ed è
allora che decollo per la luna e ti
porto con me. Attraversare, quasi
in punta di piedi i tuoi versi
quando il creare è vivere e sei il mio
confine, il mio pianto dove mi
nascondo. E tu nei brividi di luce
accendi il mio arcobaleno e
ricomincia questa vita.
Attraversare te.

HAIKU

Haiku

HAIKU

1) Il sole si è nascosto, amore mi ha detto addio.

2) Ti prendo per mano e il calore del tuo corpo mi ubriaca.

3) Alla deriva l'attesa coglie il desiderio di un nuovo struggimento.

4) Uno sguardo velato è nella memoria, ricordo di te.

5) Nella notte inquieta l'istante è solo un'ebbrezza d'amore.

6) Emerge dal mare un sorriso sulle tue turgide labbra socchiuse.

7) Brividi vitali in note profumate di musica. 8) Assopita resto qui, filo sospeso tra le tue mani.

9) Rosa rossa senza spine e bocca vermiglia, sensuale il bacio rubato.

10) Empatia, fili invisibili che legano gli animi e... il cercarsi è incontrollabile.

BIOGRAFIA

Melina Palumbo (Pseudonimo di Teresa Carmina Cusano) nasce a Ruviano (provincia di CASERTA) nel 1955 e trascorre l'infanzia in Adelaide in Australia. Tornata in Italia a tredici anni continua gli studi e nel 1982 si laurea in Lingue e Letterature Straniere Moderne con 110 e lode presso l'Istituto Universitario Orientale di Napoli. Ha vinto il concorso di Assistente di Italiano all'estero (per conto del Ministero degli Affari Esteri) e ha insegnato nelle Scuole Scozzesi per un anno. Attualmente vive ad Arce (FROSINONE); docente di Lingua Inglese nelle Scuola Secondaria di Primo Grado è in pensione da settembre 2019. Si dedica ad attività di volontariato e culturali; scrive poesie da sempre ma solo negli ultimi due anni ha intensificato questo suo hobby scrivendo oltre 150 poesie. Ha creato anche un gruppo di poetesse, poeti e semplici amanti di questa "arte" organizzando incontri di Reading Poetici. Ha molteplici interessi quali teatro, musica e ballo.

Nel marzo 2000 ha pubblicato per Spring Edizioni (Caserta), due testi di poesie, **"SPIRAGLI"** e **"FEELINGS"** (liriche in inglese). E' risultata finalista nel Premio Letterario Internazionale Città di Arce, nella sezione della Poesia per la Pace e nel Concorso Nazionale di Poesia, "Versi Ambrosiani". Ha pubblicato con Hoffmann & Hoffmann un testo di poesie a quattro mani insieme a F.Guzzardi,"Silent Love".